MW00413290

9 781716 101472

PRP y Plasma Gel, Obtención, Preparación y Uso como Filler Autólogo

Resumen

El uso del plasma rico en plaquetas (PRP) para la colocación de injertos óseos en cirugía oral y maxilofacial, fue originalmente propuesto por Marx en 1986 y, en los últimos años, se ha masificado su uso con excelentes resultados, debido fundamentalmente, a la capacidad que tiene de incrementar la regeneración ósea al ser utilizado junto con injertos de hueso autólogo ya que es un procedimiento relativamente simple. Ha despertado el interés también en otras áreas como ortopedia, otorrinolaringología, cirugía plástica, neurocirugía y periodoncia.

La técnica de obtención y utilización del PRP ha sufrido algunas variaciones, dado que se ha seguido investigando al respecto y en la actualidad el procedimiento se ha simplificado y optimizado a la vez, tanto así, que hoy se prefiere hablar de plasma rico en factores de crecimiento (Plasma Rich in Growth Factors o PRGF, por sus siglas en ingles).

El presente taller pretende enseñarle los conceptos referentes a este importante recurso y mostrar cómo se realiza hoy, tanto la técnica de obtención del PRGF, PPP (Plasma Pobre en Plaquetas) gelificados, como su uso en la clínica estética.

Introducción

En el contexto de investigaciones bioquímicas para contrarrestar los procesos celulares del envejecimiento, se empezó a estudiar y a utilizar el plasma rico en plaquetas (y rico a su vez en factores de crecimiento derivados de las plaquetas) por sus propiedades moduladoras y estimuladoras de la proliferación de las células derivadas de células madre de origen mesenquimal (fibroblastos, osteoblastos, células endoteliales, células epiteliales, adipoblastos, miocitos, y condrocitos, principalmente), y como un útil elemento auxiliar para mejorar la regeneración tisular. El PRP fue inicialmente usado en ciertas especialidades quirúrgicas para mejorar la curación de las heridas iatrogénicas y las heridas de evolución recalcitrante. Pero sus aplicaciones actuales se extienden más allá del uso para la reparación de las heridas quirúrgicas y la regeneración de los tejidos perdidos, ya el PRP se ha popularizado en otras ramas de la medicina.

En el campo de la medicina estética, el PRP se utiliza principalmente por su papel en la bioestimulación del fibroblasto cutáneo, y como biopotenciador de los tratamientos de relleno con PRP gelificado. Se trata de una herramienta estética novedosa, con numerosos estudios realizados al respecto y otros muchos en marcha para acabar de establecer las propiedades y las indicaciones de este preparado capaz de mejorar las características de un gran número de células de nuestro organismo.

En este taller se presenta el uso del preparado de plasma rico en plaquetas (PRP) como una herramienta potenciadora de ciertas características histológicas de los tejidos conformados por células con receptores para los factores de crecimiento plaquetarios. Se describen los fundamentos biológicos del PRP a nivel celular, la técnica de obtención, y sus usos clínicos en la actualidad. Describiremos procedimientos donde son utilizados, fundamentalmente en forma de Plasma en sus diferentes presentaciones (Densidades), gelificados en un equipo especializado llamado, Gelificador de Plasma Sanguíneo, (recomendamos el BIOFILLER MAKER Hs) para realizar Bio-plastia facial, corrección de líneas de expresión, relleno de labios, delineado de pómulos y contorno de la cara así como corrección de líneas profundas como los surcos Naso-genianos entre otros, ya sea inyectándolo gelificado como relleno para generar volumen, o en su forma líquida para realizar un lifting.

Estos procedimientos evitan los riesgos de infección y rechazo por realizarse con un elemento autólogo, y el costo operativo es realmente bajo.

ANTECEDENTES

Hasta 1995, todos los protocolos de obtención de concentrados plaquetarios partían de cantidades muy elevadas de sangre y se realizaban en ambientes hospitalarios con equipos sofisticados de autotransfusión. Además, existía una gran controversia, en Europa, sobre todo, con el uso de trombina bovina, ya que se había detectado anticuerpos anti trombina en pacientes tratados con los métodos antes descritos.

Se pensó en la obtención de un coágulo rico en factores de crecimiento mediante un método sencillo y de fácil utilización incluso en la consulta ambulatoria. Se inicia entonces la optimización de un protocolo que permitiera utilizar esta fuente fisiológica de factores de crecimiento que, además del beneficio de la liberación de éstos, constituyera un elemento mecánico que permitiera consolidar los materiales de injerto y facilitara el cierre de la herida favoreciendo el postoperatorio.

Se eligió como anticoagulante idóneo para la extracción de sangre el citrato sódico. Esta sal capta los iones de calcio que se encuentran en la sangre y los neutraliza formando un compuesto químico llamado quelato, impidiendo de esta forma, la coagulación de la sangre. Además, el citrato sódico no altera los receptores de membrana de las plaquetas y permite la reversibilidad del proceso al añadir calcio en forma de cloruro de calcio.

La separación del plasma se logra mediante centrifugación suave, la cual permite concentrar las plaquetas que se encuentran más próximas a los hematíes.

Las fracciones con mayor contenido de plaquetas son las que se encuentran inmediatamente por encima de la serie roja (0,1cc. por encima de los hematíes). Esta fracción contiene un plasma 8 veces más concentrado en plaquetas que la sangre periférica. La siguiente fracción contiene un plasma 4 veces más concentrado.

De estos estudios y los sorprendentes resultados en cuanto a la regeneración tisular en heridas graves, incluso en pacientes diabéticos se comienza el camino para la obtención de este en una forma gelificada para su uso como relleno autólogo facial y estético.

PLASMA RICO EN PLAQUETAS

El estudio de los factores de crecimiento junto con el descubrimiento de su liberación por parte de las plaquetas ha conducido al desarrollo de un concentrado de plaquetas autólogo, útil para estimular la proliferación y la diferenciación celular en aquellos tejidos donde esto es requerido, tal y como sucede en las heridas y procesos de regeneración de los tejidos, o para luchar contra la involución celular que tiene lugar con el envejecimiento.

El PRP se define como una fracción de plasma obtenido de sangre autóloga que tiene una concentración de plaquetas superior a la del plasma en condiciones basales. El PRP contiene no solo un alto nivel de plaquetas, sino también de los factores de crecimiento que son secretados activamente por las plaquetas. Además, el PRP también es rico en proteínas que actúan a nivel de la adhesión celular (fibrina, fibronectina, y vitronectina), por lo que proporciona el soporte estructural necesario para la migración celular, y para la proliferación y crecimiento tridimensional de los tejidos sobre los que actúa. El PRP tiene efectos no solo directamente sobre las células diana para los factores de crecimiento, sino también como matriz extracelular para la estimulación de la reparación y/o regeneración del tejido de un modo global.

CONCENTRACIÓN DE PLAQUETAS NECESARIA

Es probable que el efecto del PRP sobre la cicatrización de una herida sea función de muchas variables, entre ellas la concentración de plaquetas, el volumen añadido de PRP, la extensión y el tipo de la lesión y la condición médica global del paciente. El gran número de variables y su potencial interacción es la razón por la que no existe una recomendación única sobre el nivel de aumento de plaquetas que debe producir el PRP sobre la línea base para ofrecer sus efectos de la manera más óptima.

Algunos investigadores han sugerido que el PRP debería alcanzar una concentración en plaquetas de 3 a 5 veces superior al nivel normal, aunque la relación entre el número de plaquetas añadido y el beneficio clínico obtenido es uno de los parámetros que permanecen pendientes de determinar con exactitud. Se han publicado niveles de concentración que van desde menos de 2 hasta 8,5 veces el nivel normal, o incluso, que cada individuo necesita una concentración diferente de plaquetas para obtener un mismo beneficio clínico.

Aunque es imposible predeterminar la magnitud del efecto estimulador del proceso de curación de las heridas mediante el empleo de PRP por la gran variabilidad interindividual y la influencia de factores propios de cada caso y de cada herida en particular, lo que sí está científicamente demostrado es la correlación estadísticamente positiva entre la aplicación del mismo y el acortamiento temporal del proceso, gracias a su riqueza en factores de crecimiento, y a sus propiedades mitogénicas y quimiotácticas. El PRP contiene una alta concentración de plaquetas, y consiguientemente es rico en factores de crecimiento y de la coagulación.

FACTORES DE CRECIMIENTO

Los factores de crecimiento o GF (Growth Factors, por sus siglas en inglés) son un conjunto de sustancias de naturaleza peptídica cuya misión es la comunicación intercelular a nivel molecular. Son capaces de modificar las respuestas biológicas celulares, ya que regulan la migración, proliferación, diferenciación y metabolismo celular, e incluso la apoptosis. La función principal de los factores de crecimiento es la del control externo del ciclo celular, mediante el abandono de la quiescencia celular (G0) y la entrada de la célula en fase G1. Los factores de crecimiento estimulan el aumento del tamaño celular al incrementar la síntesis proteica de las células sobre las que actúan.

En cuanto a su clasificación, los factores de crecimiento se pueden

clasificar según sea su especificidad: amplia o reducida. Los de especificidad amplia como el factor de crecimiento derivado de las plaquetas (PDGF) y el factor de crecimiento epidérmico (EGF) actúan sobre muchas clases de células, entre las cuales tenemos: fibroblastos, fibras musculares lisas, células neurogliales, y el EGF, además, sobre células epiteliales y no epiteliales. Como ejemplo de factor de crecimiento de especificidad reducida tenemos a la eritropoyetina, que solo induce la proliferación de los precursores de los hematíes.

Los factores de crecimiento actúan de manera local. La estimulación celular se realiza bien por un sistema autocrino en el que las células producen y responden al mediador biológico, o por un sistema paracrino en el que la célula que produce el factor se encuentra en las proximidades de las células a las que afecta.

En general, los factores de crecimiento son sintetizados en forma de precursores, siendo necesario para la liberación del factor en forma «activa» un proceso específico de proteólisis. Su mecanismo de acción siempre comienza al unirse a receptores específicos de membrana. Para cada tipo de factor de crecimiento existe un receptor o conjunto de receptores específicos. Las células responden a un FC solo si disponen de la proteína receptora apropiada. El proceso está mediado por un sistema de segundos mensajeros que activan una cascada de señales que acaba en la activación de uno o varios genes (transducción de señales). Debido a este mecanismo, la acción de los factores en el lugar de la lesión continúa, aunque hayan desaparecido los mismos del medio, ya que han activado el sistema de segundos mensajeros.

Entre los tipos celulares productores de los factores de crecimiento están los fibroblastos, osteoblastos, células endoteliales, leucocitos, monocitos y macrófagos. Además, existen lugares de almacenamiento, como son las plaquetas (en los gránulos α) y el hueso (adheridos a la matriz ósea).

Factor de crecimiento derivado de las plaquetas (PDGF)

- Tipos: AA, BB, AB

- Promueve indirectamente la angiogénesis a través de los macrófagos, por un mecanismo de quimiotaxis;

- Activador de macrófagos;

- Mitógeno de células mesenquimales;

- Facilita la formación de colágeno tipo I;

- Promueve la proliferación de las células adiposas y de los fibroblastos dérmicos.

- Factor de crecimiento transformante β (TGF-β)

- Quimiotaxis;

- Proliferación y diferenciación de las células mesenquimales;

- Síntesis de colágeno por los osteoblastos;

- Promueve la proliferación de adipocitos y fibroblastos dérmicos humanos;

- Pro-angiogénesis;

- Inhibe la formación de osteoclastos;

- Inhibe la proliferación de células epiteliales en presencia de otros factores.

Factor de crecimiento epidérmico (EGF)

- Efectos mitogénicos y quimiotácticos en fibroblastos y

células epiteliales;

- Induce la migración celular;

- Los fibroblastos, los proosteoblastos y precondrocitos expresan un alto número de receptores para EGF;

- Estimula la formación de tejido de granulación.

Factor de crecimiento fibroblástico (FGF)

- Estimulación y coordinación de la mitogénesis de células mesenquimales como los fibroblastos, los osteoblastos, condrocitos, células musculares lisas y mioblastos esqueléticos;

- Inhibe los osteoclastos;

- Promueve la proliferación de los fibroblastos e induce la secreción de fibronectina por estos;

- Pro-angiogénesis por acción quimiotáctica sobre células endoteliales.

Factor de crecimiento insulina-like (IGF)

- Promueve la proliferación y diferenciación de células mesenquimales y de revestimiento;

- Estimula la síntesis de osteocalcina, fosfatasa alcalina y colágeno tipo I por los osteoblastos;

- Actúa como agente quimiotáctico para las células vasculares endoteliales.

Factor de crecimiento vascular endotelial (VEGF)

- Induce la quimiotaxis y proliferación de las células endoteliales;

- Provoca una hiper-permeabilidad de los vasos sanguíneos;

- Mitógeno, proapoptótico, promotor de la quimiotaxis y la diferenciación de células epiteliales, renales, gliales y fibroblastos.

Plasma rico en plaquetas y estética facial

El PRP es una de las herramientas médicas regenerativas más novedosas en la medicina anti-aging, y son patentes sus efectos beneficiosos sobre el rejuvenecimiento cutáneo; aunque el mecanismo de acción de los factores de crecimiento es un terreno en el que aún queda mucho por investigar. En el ámbito de la medicina cosmética y estética tenemos varias formas de utilizar los efectos del plasma rico en factores de crecimiento.

Primeramente, el PRP se puede usar de manera tópica por sus efectos estimuladores sobre el fibroblasto dérmico, en forma de coágulo a modo de mascarilla, o, más frecuentemente, mediante pulverización del mismo. Se suele usar como terapia tópica tras las exfoliaciones químicas o físicas o tras el «laser resurfacing», a modo de bio-estimulador de la regeneración cutánea. También usamos el plasma rico en factores de crecimiento en forma de coágulo para rellenar cicatrices, arrugas, o surcos como el de la cuenca orbitaria («tear through»).

La aplicación tópica de factores de crecimiento humanos en múltiples estudios clínicos ha demostrado reducir los signos y síntomas del envejecimiento cutáneo, incluyendo una reducción en las arrugas y la elastosis, y un incremento en la síntesis de colágeno dérmico estadísticamente significativos. A nivel histológico, se ha evidenciado que producen un incremento en el grosor de la epidermis y un aumento en la densidad de fibroblastos en la dermis superficial.

También con el objetivo de realizar una bioestimulación cutánea, podemos utilizar el PRP a nivel intradérmico, a modo de mesoterapia, para el tratamiento de arrugas, elastosis o discromías. La administración intradérmica de plasma rico en plaquetas se ha manifestado como un estímulo para la producción de colágeno tipo I por parte de la célula fibroblástica. La inyección intradérmica de factores de crecimiento produce cambios clínicos notables sobre la piel envejecida: restaura la vitalidad cutánea, aumenta el grosor de la piel, recupera la consistencia elástica, mejora la afluencia vascular, estimula las secreciones, y mejora la tersura y apariencia de la piel. Los factores de crecimiento regulan la remodelación de la epidermis y de la dermis, y tienen una gran influencia sobre la apariencia y textura de la piel.

Otra aplicación novedosa del PRP es la destinada a mejorar la calidad celular de las infiltraciones de tejido graso libre lipoaspirado en la lipoescultura, para el rejuvenecimiento cutáneo, evidenciando, a nivel clínico, un mayor porcentaje de mantenimiento en el tiempo del contorno restaurado y de la tridimensionalidad estereológica cuando el injerto graso es mezclado con PRP, que cuando se aplica de manera aislada; e, in vitro, un significante incremento de las células adipocitarias.

1.- TÉCNICA DE PROCESADO DEL PRP

Aplicación en forma de plasma Rico en Factor de Crecimiento (PRGF).

Se realiza la extracción de la sangre con escalp o tutor para vacutainer, 21, 22 o 23 según el tamaño de las venas del paciente, unos minutos antes de comenzar la sesión. Debe tenerse en cuenta NO ligar al paciente por un período mayor a dos (02) min, ya que de lo contrario entrarían en acción las células endoteliales activando las plaquetas para el proceso de curación y por lo tanto obtendríamos como resultado que estaríamos cosechando o extrayendo plasma ya activado que no tardaría en formar coágulo.

La cantidad dependerá del defecto a tratar. Por ejemplo, para un rostro completo, entre 6 y 8 cc. serán suficientes, mientras que, para una elevación de seno, bastarán 30 cc.

La sangre se recepciona en tubos estériles, Tapa Azul de 8.5 ml, con citrato sódico al 3,8% o 3,2% como anticoagulante. A pesar de que el EDTA tiene un rendimiento mayor que el citrato, se ha visto por microscopía de luz, a las plaquetas rasgadas, rodeadas de abundantes restos celulares cuando se ha usado EDTA como anticoagulante. Se prefiere por tanto el Fosfato de Dextrosa Citratado (CDP), debido a que éste preserva la integridad de la membrana plaquetaria, hecho de vital importancia, ya que los factores de crecimiento son exocitados activamente. Durante este proceso ocurre la formación de la molécula proteica y la formación de su estructura terciaria, de cuya integridad depende su actividad y efectividad.

En este mismo contexto, es importante considerar también, la velocidad de centrifugación que va en relación directa con la fuerza de gravedad (G), ya que se ha visto que una G excesiva, reduce dramáticamente la cantidad de factores de crecimiento.

Se centrifuga el plasma en una centrífuga que permita controlar los parámetros de tiempo y velocidad. El tiempo de centrifugación será de 8 minutos a 1.800 rpm (280 G), a temperatura ambiente. El plasma luego es separado mediante pipeteado muy meticuloso para no crear turbulencias en las fracciones obtenidas.

Los primeros 500 microlitros (0,5 cc.) (fracción 1) es un plasma pobre en plaquetas y por lo tanto pobre en factores de crecimiento. Los siguientes 500 microlitros (fracción 2) corresponderán a un plasma con un número de plaquetas similar al que tiene la sangre periférica. La fracción de plasma más rico en plaquetas y factores de crecimiento (PRGF) son los 500 microlitros que se encuentran encima de la serie blanca (fracción 3).

Con una pipeta de 500 microlitros se aspira la fracción 1 y se traslada a un tubo estéril, previamente etiquetado, donde se reunirá todo el PPP, repitiéndose el proceso con todos los tubos procedentes de la centrifugación. Con la misma pipeta (diferente punta estéril), se aspira la fracción 2, de todos los tubos y al igual que con la fracción 1, se lleva a otro tubo estéril etiquetado, que contendrá entonces, un plasma con una concentración de plaquetas similar a la de la sangre periférica (PGF). Para la fracción 3 se realiza un pipeteado más cuidadoso, con una pipeta de 100 microlitros, para evitar las eventuales turbulencias que se puedan producir, y de este modo no aspirar los hematíes ni la serie blanca.

Se repite este proceso 5 veces, colectándose lo obtenido en un tercer tubo estéril y etiquetado, el cual contendrá el PRGF. El volumen de plasma que se obtiene tras la centrifugación varía ligeramente de un individuo a otro, obteniéndose volúmenes diferentes de cada fracción. Por lo tanto, se debe contar siempre desde la serie blanca hacia arriba, y de obtenerse más plasma, éste será PPGF, cuyo volumen puede variar entre 1 y 2 cc. Así, si tenemos 4,5 cc de sangre, 1 cc. será PRGF, 1 cc. de PGF y el resto PPGF. Lo importante es el concepto de que se comienza a pipetear desde arriba, pero la fracción más importante es la última, la relación es de un 10% de PRGF por sangre extraída.

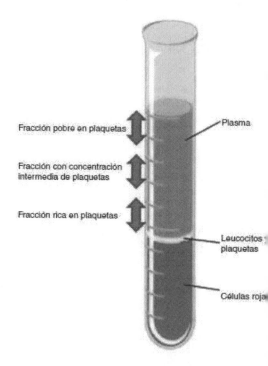

Fracción pobre en plaquetas

Fracción con concentración intermedia de plaquetas

Fracción rica en plaquetas

Plasma

Leucocitos plaquetas

Células rojas

Puede realizar el proceso cuidadosamente con una jeringa de 20 cc y aguja espinal de 18

Otro detalle importante es que, si después de centrifugar se observara un tubo con plasma turbio, por la presencia de hematíes, éste debe ser descartado, ya que esta pequeña hemólisis se debe a una falla en el momento de extraer la sangre del paciente, por una mayor lesión de la pared vascular. Esta lesión ha provocado la liberación de una gran cantidad de tromboplastina tisular, comenzando la formación del coágulo.

Este método se realiza para procedimientos intensos de regeneración tisular, aprovechando al máximo los factores de crecimiento de la fracción del plasma PRGF.

Debe tomar muy en cuenta que debe realizar la activación

previa del PRGF mediante la utilización de cloruro cálcico al 10% en proporción de 50 microlitos por cada cc de PRGF y una vez activado debe ser aplicado inmediatamente ya que luego de cinco 05 min ya se habrá formado el coagulo.

Este material se puede conservar por 8 horas una vez extraído y anticoagulado almacenado de forma adecuada, 6 horas luego de ser centrifugado y unos pocos minutos luego de ser activado, por lo que es imprescindible que se haya preparado previamente al paciente para realizarle el tratamiento de forma rápida y no se pierda el potencial de regeneración contenido y activado en el PRGF.

La punción venosa, así como la preparación y aplicación debe realizarse en un ambiente aséptico, a una temperatura no mayor de 25°C

Por su parte el esteticista debe usar guantes, gorro y tapa boca al momento de la aplicación.

Debe asegurarse de tener todo el material necesario dispuesto y a mano para la practicidad de la toma y preparación.

Se debe quitar todo el maquillaje con solución para tal fin, luego limpiar toda la cara o la zona a tratar con una solución antiséptica.

Posteriormente colocarle la crema anestésica tópica con el tiempo de antelación suficiente para que haga efecto (dependerá del tipo de anestésico empleado).

Se aplica en jeringas para insulina comenzando en la zona de la frente con pequeñas punciones donde penetre la aguja aproximadamente 2mm con separaciones de 1 cm entre una y otra, secando los pequeños puntos de sangre (si los hay) con una gasa estéril.

Se recorre toda la zona de la frente para posteriormente seguir uno a uno con los costados del rostro, es decir, hacer uno completo y luego el otro. Se debe proceder con mucho cuidado al infiltrar la zona debajo del ojo (cuenca orbitaria) ya que es una zona extremadamente sensible, por lo que se debe alertar al paciente para que no reaccione de forma que pueda lastimarse con la aguja al sentir la molestia.

Lo siguiente a tratar es la zona naso-labial y mento-labial (si existen surcos profundos deben ser tratados con Plasma Gel, explicado más adelante) para terminar con la zona del cuello y dorso de las manos.

Una vez terminado el procedimiento se toma el plasma que se separó en tubos distintos al PRGF, es decir, las otras dos fracciones del plasma obtenido y se aplica en forma de mascarilla por toda la zona tratada y debe permanecer así por espacio de 15-20 min.

Proceda a retirar la mascarilla de plasma con una solución no alcoholizada

Aplique por último una crema humectante con protección solar

Para todo el procedimiento bastarán entre 6-8 tubos de sangre del paciente equivalentes a 50-68 cc de lo que se obtendrá 5-7 cc de PRGF y 10-14 cc de PPP y PRP.

2.- TÉCNICA DE PROCESADO DEL PRP

Aplicación en forma de Plasma Gel.

Se realiza la extracción de la sangre al paciente mediante punción venosa con escalp o tutor para vacutainer 21, 22 o 23 según el tamaño de las venas del paciente, el proceso desde la punción hasta la producción del Plasma en forma de Gel tomará aproximadamente entre 15-20 min dependiendo de la densidad del gel que se requiera para la zona a tratar. Debe tenerse en cuenta NO ligar al paciente por un período mayor a dos (02) min, ya que de lo contrario entrarían en acción las células endoteliales activando las plaquetas para el proceso de curación y por lo tanto obtendríamos como resultado que estaríamos cosechando o extrayendo plasma ya activado que no tardaría en formar coágulo.

Extraiga entre 50 y 68 ml de sangre para colectar de 6 a 8 tubos para el centrifugado.

En este caso obtendrá un % equivalente a 2/3 (o un poco más) de plasma por volumen de sangre.

La sangre se recepciona en tubos estériles Tapa Azul de 8.5 ml, con citrato sódico al 3,8% o 3,2% como anticoagulante.

Es importante considerar también, la velocidad de centrifugación que va en relación directa con la fuerza de gravedad (G), ya que se ha visto que una G excesiva, reduce dramáticamente la cantidad de factores de crecimiento.

Se centrifuga el plasma en una centrífuga que permita controlar los parámetros de tiempo y velocidad. El tiempo de centrifugación será de 8 minutos a 1.800 rpm (280 G), a temperatura ambiente.

Dependiendo de la densidad del Plasma Gel y el procedimiento a aplicar para cada sesión en particular, extraiga el plasma de los tubos centrifugados con jeringa de insulina, 3cc, 5cc o 10 cc. Sea meticulosa en la extracción para no crear turbulencias que puedan propiciar la aspiración de algo de la serie roja.

Conecte y encienda su equipo gelificador antes de comenzar la punción venosa, para que transcurra al mismo tiempo el tiempo de precalentamiento del equipo.

Fije la temperatura y el tiempo de exposición en su gelificador para la densidad del gel que ha programado aplicar en el paciente.

Si ha programado dos tratamientos diferentes (Plasma Gel con dos a más densidades) en la misma sesión debe realizar todo el protocolo para una densidad primero y luego la otra, es decir, debe preparar solo los tubos centrifugados destinados al primer tratamiento en el gelificador, dejando los necesarios para el segundo tratamiento sin gelificar hasta la hora de aplicar el mismo.

Al terminar el tiempo de gelificación programado retire las jeringas del módulo de calentamiento colocándolas en el módulo de enfriamiento del equipo, al terminar este proceso colóquelas un campo estéril y cúbralas para evitar contactos y polvo, en este momento el Gel ya debe encontrarse a 37°C, para ser infiltrado.

La punción venosa, así como la preparación y aplicación debe realizarse en un ambiente aséptico, a una temperatura no mayor de 25°C

Por su parte el esteticista debe usar guantes, gorro y tapa boca al momento de la aplicación.

Debe asegurarse de tener todo el material necesario dispuesto y a mano para la practicidad de la toma y preparación.

El calentamiento del Plasma Pobre en Plaquetas y Plasma con factor de crecimiento periférico permite obtener un material proteico ideal para ser inyectado. Al ser gelificado el PPP, PRP y PRGF contiene proteínas no funcionales que han perdido su estructura cuaternaria y terciaria, y su capacidad antigénica.

La Gelificación la conseguimos ajustando el equipo gelificador a un rango de temperatura de 60 a 90 grados, en un periodo de 7 a 15 minutos, dependiendo de la densidad del gel que queramos obtener. Es importante mantener la temperatura estable ya que si disminuye no gelificará correctamente y si aumenta podemos saturar la estructura y no se podrá utilizar. (recomendamos el BIOFILLER MAKER Hs, el cual posee un sistema automático de enfriamiento y un control electrónico de la temperatura)

Una vez producida la Gelificación el material debe ser enfriado para ser colocado a temperatura corporal.

El material resultante lo denominamos Relleno Tisular autólogo.

La aplicación puede ser utilizada para rellenos de surcos, arrugas o bien para voluminizar regiones del rostro como la malar, el mentón o para armonizar el contorno del ovalo facial. El material puede ser inyectado con jeringas para insulina o jeringa de 1cc, para pequeñas zonas o arrugas finas con aguja de 25G a 27G, con jeringas de 3cc para surcos y pequeñas áreas a voluminizar y con cánula de punta roma de 1mm a 1,5mm, o con jeringa de hasta 5cc en áreas que requieran mayor relleno.

El PPP, PRP y PRGF gelificado se transforma en una red proteica simple que naturalmente será degradada por las proteasas en los siguientes días y semanas, pero permitirá el desarrollo (proporcionando nutrientes) y el crecimiento celular del fibroblasto por lo que se recomienda tres sesiones una por mes y un tratamiento de mantenimiento luego de seis meses para lograr un resultado óptimo.

CONDICIONES GENERALES DE LOS PROCEDIMIENTOS

Para todos los casos es recomendable protocolizar los procedimientos. En base a la experiencia presentamos aquí las condiciones generales de procedimiento, ya sea para Voluminización como para Lifting facial

Paso 1 - Evaluación del envejecimiento cutáneo. Al realizar este análisis debemos tener en cuenta la presencia de hiperpigmentaciones, arrugas finas, surcos profundos, pérdidas de volumen en las distintas áreas faciales. Es importante para el tratamiento facial que el paciente se encuentre en posición de cubito dorsal con elevación del torso entre 35 y 45 grados para evaluar correctamente el grado de flaccidez facial. *(Ampliaremos este tema en nuestro próximo volumen, Diagnóstico para aplicación de PRP y Plasma Gel)*

Paso 2 - Realizar 1 sesión de Ultrasonido HIFU (15 minutos de aplicación) por los efectos inmediatos que produce en el estrato corneo, los efectos benéficos de la vasodilatación y la generación de energía de activación, drenaje linfático, barrido de toxinas y segregación de proteínas desnaturalizadas.

Paso 3 - Limpieza y exfoliación. Recomendamos realizar la exfoliación con microdermoabrasión.

Paso 4 - Luego de una semana realizar otra sesión de Ultrasonido HIFU (15 minutos de aplicación).

Paso 5 – Tratamiento específico: Voluminización, Lifting o ambas. (Se detalla más adelante)

Paso 6 - Luego de 2 semanas del tratamiento específico, realizar 3 sesiones de Ultrasonido HIFU cada 10 días. 15 minutos de aplicación por cada sesión.

Paso 7 - Realizar un Peeling Químico Suave.

Paso 8 - Aplicar un mascara descongestiva, hidratante, tonificante y estimulante.

Procedimiento de Voluminización con Relleno Tisular Autólogo

(Fibrinógeno autólogo gelificado)

En este procedimiento utilizamos el Plasma gelificado como materialde relleno.

1. Marcación previa de las zonas a tratar.

2. Asepsia de la cara con Gluconato de clorhexidina.

3. Obtención del Relleno Tisular Autólogo

4. Aplicación de anestésico local. Para los tratamientos de Voluminización utilizamos un anestésico local de xilocaína al 2% con epinefrina. Podemos usarlo en forma de bloqueo regionales o directamente infiltrar la zona a tratar en muy pequeñas dosis para evitar deformaciones. Es importarte el tiempo de latencia, recomendamos esperar de 15 a 20 minutos antes de comenzar la aplicación del Filler.

5. Aplicación del Relleno Tisular Autólogo.

Zonas a voluminizar:

Arcadas superciliares: utilizamos 1cc por lado

Surco Naso bucal: utilizamos 0,3cc por lado en aplicación profunda

Surco Naso bucal: utilizamos 2cc a 3cc en retro inyección en plano subdérmico y subcutáneo, no solo en el surco de manera lineal sino también en forma de pequeños túneles dispuestos en abanico hacia los lados.

Comisuras labiales deprimidas: aplicación en forma de herradura, 0,5cc por lado.

Pómulos: varía el volumen de acuerdo a la depresión entre 3cc y 5cc, se aplica en profundidad en el plano subcutáneo y subdérmico

Fosa temporal: varía el volumen de acuerdo a la depresión entre 3cc y 5cc, se aplica en profundidad en el plano subcutáneo y subdérmico

Mentón: varía de acuerdo al desarrollo, en caso de ausencia de volumen en la región mentoniana.

Armonización del contorno facial: se aplica desde el Angulo mandibular en dirección al mentón para corregir las arrugas en marioneta, inyectando cantidades variables hasta lograr un buen contorno.

Modelado de glúteos: Requiere entre 100-150 cc por sesión dependiendo de la forma y tamaño de paciente y lo que se quiera lograr como resultado final, utilizamos jeringa de 10 cc con cánula punta roma de 8 a 14 mm. Recomendamos multiplicar el número de sesiones de acuerdo con el volumen o contorno a lograr.

6. Enfriamos la zona facial con compresas de hielo. Eventualmente utilizamos antibiótico terapia profiláctica y drogas antinflamatorias post procedimiento.

Procedimiento Lifting con fibrinógeno autólogo inyectado activado

Este tratamiento se basa en las propiedades del fibrinógeno de actuar como cemento tisular. Es ideal para pacientes de hasta 50 años que comienzan a manifestar signos del envejecimiento facial con pérdida del contorno oval de la cara y flaccidez cutánea.

1. Marcación previa de las zonas a tratar.

2. Asepsia de la cara con Gluconato de clorhexidina.

3. Obtención del fibrinógeno liquido activado con Cloruro de Calcio al 10%. Es conveniente dejarlo durante 10 minutos a 35°C, luego dejarlo a temperatura ambiente durante 10 minutos más (si llegara a formarse un coágulo, desechar el mismo y solo tomar el líquido para infiltrar)

4. Infiltramos la zona a tratar con una solución de xilocaína al 2% con epinefrina diluida en suero fisiológico con 10 gotas de adrenalina lo que dejara la concentración anestésica al 0,5%. Es importarte el tiempo de latencia,

recomendamos esperar de 15 a 20 minutos antes de comenzar la infiltración del PRGF, por lo que se recomienda aplicarla antes de comenzar la obtención del fibrinógeno.

5. Realizar la infiltración de hasta 10cc en las zonas previamente marcadas.

6. Aplicar compresa húmeda a la temperatura más alta que soporte el paciente 40-50 °C durante 15 minutos (puede usar terapia de HIFU alta frecuencia si posee), aprovechando la energía de activación que genera, con el objetivo de gelificar el fibrinógeno previamente inyectado. (si posee esterilizador al seco, calentar el campo en este equipo para evitar la humedad)

7. Recomendamos el uso inmediato de una máscara de compresión de las que se utilizan habitualmente para lifting facial o vendaje compresivo. El paciente debe mantener esta mascara por lo menos durante 72Hs.

Procedimiento Lifting con fibrinógeno autólogo inyectado luego de la canalización, aplicación del PRP con Mesoterapia.

Tomamos como base trabajos ya realizados que referían al lifting facial a través de mínimas incisiones, realizando tunelizaciones con cánulas de 1,5mm. Modificamos un poco esta técnica, utilizando cánulas del mismo diámetro, multiperforadas, de superficie rugosa, realizando una serie de túneles, raspando con la cánula la dermis profunda produciendo la separación de los pequeños retináculos que van desde la dermis al tejido celular subcutáneo, logrando de esta manera un área cruenta en la zona previamente marcada.

Teniendo en cuenta la acción del fibrinógeno como cemento tisular lo inyectamos en las áreas tunelizadas para luego con compresas calientes obtener un levantamiento y pegamiento de la zona. Post tratamiento y para potenciar los resultados realizamos la bioestimulación con Plasma Rico en Plaquetas en toda la zona facial.

1. Marcación previa de las zonas a tratar. Se conforma un triángulo a tratar que va desde la raíz del hélix al punto medio del surco nazogeneano y desde allí hasta la región retro auricular. En casos en que haya una pérdida del Angulo submandibular tratamos también esta zona.

2. Asepsia de la cara con Gluconato de clorhexidina.

3. Obtención por centrifugado del PRP y del PPP activado con Cloruro de Calcio al 10%. Es conveniente dejarlo durante 10 minutos a 35°C, luego dejarlo a temperatura ambiente durante 10 minutos más (si llegara a formarse un coágulo, desechar el mismo y solo tomar el líquido para infiltrar)

4. Infiltramos la zona a tratar con una solución de xilocaína al 2% con epinefrina diluida en suero fisiológico con 10 gotas de adrenalina lo que dejara la concentración anestésica al 0,5%. Es importarte el tiempo de latencia, recomendamos esperar de 15 a 20 minutos antes de comenzar la infiltración del PRGF, por lo que se recomienda aplicarla antes de comenzar la obtención del fibrinógeno.

5. Realizar el abordaje con una micro incisión con bisturí hoja número 11 para inmediatamente insertar la cánula y proceder a la tunelización de la zona. Las zonas de ingreso de la cánula son la raíz del hélix y en la región retroauricular cercana a la implantación del lóbulo de la oreja, y si queremos tratar la zona del cuello agregamos una incisión submentoniana. Con la cánula debemos realizar múltiples túneles que cuando cambiemos la zona de incisión se entrecruzaran con la previamente realizada generando conexiones entre los túneles originando una gran zona cruenta.

6. Realizar la infiltración de hasta 10cc a 20cc PRGF en las zonas tunelizadas.

7. Aplicar compresa húmeda a la temperatura más alta que soporte el paciente 40-50 °C durante 15 minutos (puede usar terapia de HIF alta frecuencia si posee), aprovechando la energía de activación que genera, con el objetivo de gelificar el fibrinógeno previamente inyectado. (si posee esterilizador al seco, calentar el campo en este equipo para evitar la humedad).

8. Luego de la compresa aplicamos con Pistola de Mesoterapia el PRGF anteriormente obtenido en toda la zona de cara y cuello con dosificación de una microgota.

9. Es indispensable el uso inmediato de una máscara de compresión de las que se utilizan habitualmente para lifting facial o vendaje compresivo. El paciente debe mantener esta mascara por lo menos durante 72Hs.

10. Prescribimos Cefalosporina el día anterior al tratamiento y durante las primeras 48Hs. Post procedimiento en forma profiláctica, así como también antinflamatorios o corticoides de depósito según el caso.

Conclusiones

La bioestimulación con plasma rico en plaquetas es una técnica que lleva ya muchos años dentro del mercado estético. Consiste en la infiltración de plasma rico en plaquetas a nivel intradérmico mediante microinyecciones en la zona a tratar, este PRP es obtenido mediante una centrifugación de la sangre del paciente.

La bioestimulación con PRGF resulta eficaz al momento de tratar y prevenir el envejecimiento cutáneo, además de dar magníficos resultados en cicatrización de quemaduras, cicatrices queloides, acné y estrías.

Ofrece dos grandes ventajas, tanto para el profesional, como para el paciente. El profesional puede combinarlo con otros tratamientos y potencializar sus beneficios, por otro lado, el paciente obtiene estos beneficios sin ningún tipo de sacrificio, ya que es un tratamiento no invasivo y que no requiere muchos cuidados posteriores, una hora después de aplicado, la persona tratada regresa a la normalidad de sus actividades.

El derivado de sangre autóloga estimula la producción de colágeno, elastina y tejido epidérmico, lo que se traduce en una piel más tersa, luminosa y de mejor calidad. Son mínimos los riesgos de formación de hematomas, infección, transmisión de enfermedades y totalmente nulas las reacciones alérgicas, porque se infiltra un componente de nuestra propia sangre.

La bioestimulación con PRGF se ha fusionado con métodos como la mesoterapia, ozonoterapia, la carboxiterapia, la aplicación de radiofrecuencia, entre muchas otras prácticas que hacen frente a diversos problemas médico-estéticos.

Sin embargo, uno de sus principales avances y de muy reciente auge, es el gel plaquetario, una evolución de esta técnica que consiste en darle una mayor densidad al plasma para que pueda ser utilizado como relleno de surcos, arrugas, depresiones o cualquier

irregularidad de la superficie, también sirve para dar contorno a ciertas áreas como los labios, mejillas y manos.

El gel de plasma se obtiene básicamente de la misma forma, mediante la centrifugación o aféresis de la propia sangre del paciente a intervenir; primero se separa el plasma, enseguida se coloca en el gelificador que lo condensa. La aplicación del gel plaquetario, también conocido como Plasma Gel, se lleva acabo de la misma forma que otros rellenos, tales como el ácido hialurónico o la hidroxiapatita de calcio.

El gel de plasma o plasma gel, es ideal para el tratamiento de líneas de expresión y arrugas superficiales como patas de gallo y arrugas peribucales.

Se recomienda en el relleno de arrugas faciales como las del entrecejo, peribucales, surcos naso genianos o líneas de marioneta. Incluso puede aplicarse para dar volumen en el rostro o aumentar el volumen de los labios, para un perfilado labial y reforzar las comisuras.

Dentro de la gama de rellenos, el plasma gel supone varios beneficios sobre el resto, aunque lleva un proceso más largo que el PRP, sigue tratándose de un producto totalmente autólogo, esto evita cualquier riesgo de rechazo del material, reacciones alérgicas, además de evitar el riesgo de trasmisión de enfermedades.

Se puede utilizar en diferentes zonas de la cara y cuerpo sin límites de cantidad, siendo fácil de manipular y colocar. Es una opción viable para todos aquellos pacientes que desean mejorar su aspecto, pero son reticentes con los rellenos de origen biotecnológico.

Quizás su desventaja radica en que al igual que muchos rellenos es mínimamente invasivo, pero compromete más al paciente al momento de la extracción de sangre. Aunque esto puede compensarse con resultados mucho más naturales y cercanos a un proceso orgánico de regeneración de la piel.

No hay un protocolo estándar de aplicación, el número de sesiones y la proximidad entre cada una de ellas es en base al criterio de cada caso en particular, pero en promedio se recomiendan 3 sesiones con

espacio entre 2 y 3 meses. Después de la última sesión se espera un efecto entre 8 y 10 meses, con un 25 % de fijación al organismo de forma definitiva.

Es un método revolucionario, que sin duda puede llegar a convertirse en uno de los rellenos autólogos favoritos de la industria estética.

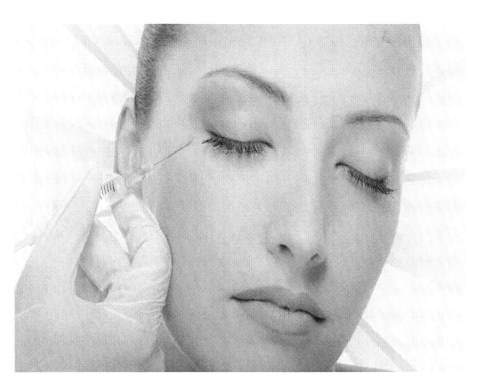

INSUMOS

Equipo para producción de Plasma en Gel, (BIOFILLER MAKER Hs)

Centrífuga con control de tiempo y revolución

Esterilizador al seco

Tubos estériles citratados o tapa azul

Tubos estériles tapa roja.

Campos cerrados.

Compresas estériles.

Gasa estéril 4x4

Jeringas para Insulina.

Jeringas de 3cc

Jeringas de 5cc

Jeringas de 10 cc

Jeringa de 20 cc

Aguja espinal No. 18

Cánula punta roma 1, 1.5 y/o 14 mm

Agujas hipodérmicas No. 21, 23 y 30 x 1; 1 ½ y ½

Anestésico local y/o tópico

Guantes

Gorro

Cubre boca

Gluconato o cloruro de calcio al 10%

Crema hidratante, con protector solar factor 50 mínimo